Sommaire

RÈGLES DE BASE

Les temps et les modes • Conjugaison-type : *machen*
Les petites irrégularités • Les verbes irréguliers

Les temps et les modes

Il faut prendre garde aux principales différences d'emploi entre le français et l'allemand, qui sont les suivantes.

Le présent

Il est souvent employé avec un sens de futur proche.

Heute Abend rufe ich dich an. *Je t'appelle/t'appelerai ce soir.*
Das mache ich morgen. *Ça, je le ferai demain.*

Le prétérit

Il s'emploie pour une action qui se situe dans le passé et qui n'a plus de lien avec le présent. On insiste sur le processus.

Sie studierte 3 Jahre in Berlin. *Elle a fait trois ans d'études à Berlin.*
Als Kind war ich immer fröhlich. *Quand j'étais enfant, j'étais toujours joyeux.*
Gestern regnete es heftig. *Hier, il a plu fort.* [Simple description d'un fait.]

Le parfait

Il s'emploie pour une action qui se situe dans le passé mais qui a des répercussions sur le présent, ou qui est envisagée sous un tel angle. On insiste sur le bilan.

Gestern hat es geregnet. *Hier, il a plu* [mais, aujourd'hui, le soleil est revenu / et aujourd'hui, les rues sont encore mouillées].
Gestern habe ich sie angerufen. *Je l'ai appelée par téléphone hier* [et je ne vais donc pas la rappeler aujourd'hui].

Le Konjunktiv I (« subjonctif »)

Il s'emploie surtout dans les discours rapportés, c'est-à-dire lorsqu'on rapporte les paroles d'une autre personne.

Sie sagt, sie könne das nicht tun. *Elle dit qu'elle ne peut pas le faire.*
Vor drei Jahren sei es passiert. *Cela se serait produit il y a trois ans* [d'après ce que l'on dit].

Il s'emploie aussi dans quelques formules toutes faites.

Es lebe die Freiheit! *Vive la liberté !*
Gott sei Dank! *Dieu merci !*
komme, was wolle *quoi qu'il arrive*

Le Konjunktiv II (« conditionnel »)

Il s'emploie essentiellement comme le conditionnel français.

Ich würde gerne schwimmen gehen. *J'aimerais bien aller nager.*
Das hätte ich gerne gemacht. *Je l'aurais volontiers fait.*

À l'oral, il s'emploie fréquemment à la place du Konjunktiv I.

Er behauptet, er habe nichts Falsches gemacht. → Er behauptet, er hätte nichts Falsches gemacht. *Il prétend qu'il n'a rien fait de faux.*

Le passif

Il s'emploie beaucoup plus qu'en français. Par exemple, on l'utilise souvent dans des phrases où l'on se sert plutôt de « on » en français.

Das Kind wurde von einer Frau gerettet. *L'enfant a été sauvé par une femme.*

Es wird gesagt, dass... *On dit que...*

Jetzt wird gearbeitet! *Maintenant, au travail !*

Les verbes allemands se terminent tous par **-en** (*machen, arbeiten...*) ou, plus rarement, par **-n** (*lächeln...*).

Le **radical** des verbes s'obtient en supprimant la terminaison *-en* (ou *-n*) de l'infinitif. Par exemple, le radical de *machen* est *mach-* ; celui de *lächeln* est *lächel-*.

Lorsqu'on apprend des verbes irréguliers ou qu'on les cherche dans le dictionnaire, on apprend (ou on trouve dans le dictionnaire) l'infinitif et **les temps primitifs**. Par exemple, les temps primitifs de *geben* sont : *er gibt, er gab, er hat gegeben*. La première forme (*er gibt*) est celle du présent de l'indicatif. La deuxième forme (*er gab*) est celle du prétérit de l'indicatif. La troisième forme (*er hat gegeben*) est celle du parfait de l'indicatif. Dans le cas des verbes irréguliers, en effet, ces formes peuvent différer de ce qu'elles seraient si le verbe était régulier, et c'est d'elles qu'on se sert pour conjuguer certains temps (voir pp. 10-11).

Certains verbes allemands ont une **particule séparable**. C'est le cas, par exemple, du verbe *zu*machen* (dans le dictionnaire, la particule, *zu*, est soulignée ou suivie d'un signe spécifique). La particule se trouve toujours en fin de phrase ; elle se détache donc du reste du verbe si celui-ci est en deuxième position : Mach das Fenster zu! (*Ferme la fenêtre !*), Soll ich das Fenster zumachen? (*Faut-il que je ferme la fenêtre ?*). Attention : certains verbes comportent un préfixe qui ressemble à une particule séparable mais qui n'en est pas une : Sie übersetzt den Text ins Deutsche. (*Elle traduit le texte en allemand.*)

La 2e personne du pluriel, *ihr*, s'emploie uniquement pour des personnes que, individuellement, on tutoierait. Le **vous de politesse** se traduit par *Sie* (avec majuscule), et le verbe est conjugué à la 3e personne du pluriel.

Machen

Verbe modèle régulier Radical : **mach-**

INDICATIF Présent		Prétérit		Parfait	
ich	mache	ich	machte	ich	habe gemacht
du	machst	du	machtest	du	hast gemacht
er/sie	macht	er/sie	machte	er/sie	hat gemacht
wir	machen	wir	machten	wir	haben gemacht
ihr	macht	ihr	machtet	ihr	habt gemacht
sie/Sie	machen	sie/Sie	machten	sie/Sie	haben gemacht

Pour former le **présent de l'indicatif**, on ajoute au radical les terminaisons suivantes : **-e**, **-(e)st**, **-(e)t**, **-en**, **-(e)t**, **-en**. Le *e* indiqué entre parenthèses (dit « *e* intercalaire ») s'emploie seulement pour certains verbes, lorsqu'il est nécessaire à la prononciation : par exemple, il ne s'emploie pas pour *machen* (*du machst*), mais il s'emploie pour *arbeiten* (*du arbeitest*).

Pour former le **prétérit de l'indicatif**, on ajoute au radical les terminaisons suivantes : **-(e)te**, **-(e)test**, **-(e)te**, **-(e)ten**, **-(e)tet**, **-(e)ten**. Le *e* intercalaire s'emploie seulement pour certains verbes, lorsqu'il est nécessaire à la prononciation : par exemple, il ne s'emploie pas pour *machen* (*du machtest*), mais il s'emploie pour *arbeiten* (*du arbeitetest*).

Pour former le **parfait de l'indicatif**, on conjugue l'auxiliaire *haben* au présent de l'indicatif (voir p. 15) et on le fait suivre du participe passé.

Plus-que-parfait		Futur		Futur antérieur	
ich	hatte gemacht	ich	werde machen	ich	werde gemacht haben
du	hattest gemacht	du	wirst machen	du	wirst gemacht haben
er	hatte gemacht	sie	wird machen	er	wird gemacht haben
wir	hatten gemacht	wir	werden machen	wir	werden gemacht haben
ihr	hattet gemacht	ihr	werdet machen	ihr	werdet gemacht haben
sie	hatten gemacht	Sie	werden machen	sie	werden gemacht haben

Pour former le **plus-que-parfait de l'indicatif**, on conjugue l'auxiliaire *haben* au prétérit de l'indicatif (voir p. 15) et on le fait suivre du participe passé.

Pour former le **futur de l'indicatif**, on conjugue l'auxiliaire *werden* au présent de l'indicatif (voir p. 16) et on le fait suivre de l'infinitif.

Pour former le **futur antérieur de l'indicatif**, on conjugue l'auxiliaire *werden* au présent de l'indicatif (voir p. 16) et on le fait suivre du participe passé accompagné de son auxiliaire à l'infinitif.

KONJUNKTIV I Présent		Passé		Futur	
ich	mache	ich	habe gemacht	ich	werde machen
du	machest	du	habest gemacht	du	werdest machen
er	mache	sie	habe gemacht	er	werde machen
wir	machen	wir	haben gemacht	wir	werden machen
ihr	machet	ihr	habet gemacht	ihr	werdet machen
Sie	machen	sie	haben gemacht	Sie	werden machen

Pour former le **présent du Konjunktiv I**, on ajoute au radical les terminaisons suivantes : **-e**, **-est**, **-e**, **-en**, **-et**, **-en**.

Pour former le **passé du Konjunktiv I**, on conjugue l'auxiliaire *haben* au présent du Konjunktiv I (voir p. 15) et on le fait suivre du participe passé.

Pour former le **futur du Konjunktiv I**, on conjugue l'auxiliaire *werden* au présent du Konjunktiv I (voir p. 16) et on le fait suivre de l'infinitif.

KONJUNKTIV II Présent		Passé		Présent (forme littéraire)	
ich	würde machen	ich	hätte gemacht	ich	machte
du	würdest machen	du	hättest gemacht	du	machtest
sie	würde machen	er	hätte gemacht	sie	machte
wir	würden machen	wir	hätten gemacht	wir	machten
ihr	würdet machen	ihr	hättet gemacht	ihr	machtet
sie	würden machen	Sie	hätten gemacht	sie	machten

Pour former le **présent du Konjunktiv II**, on conjugue l'auxiliaire *werden* au présent du Konjunktiv II (voir p. 16) et on le fait suivre de l'infinitif.

Pour former le **passé du Konjunktiv II**, on conjugue l'auxiliaire *haben* au présent du Konjunktiv II (voir p. 15) et on le fait suivre du participe passé.

Pour les verbes réguliers, **la forme littéraire** (peu employée) **du présent du Konjunktiv II** est la même que le prétérit de l'indicatif.

IMPÉRATIF	**PARTICIPES**	
mach(e)!	**Présent :** machend	**Passé :** gemacht
machen wir!		
macht!		
machen Sie!		

Pour le **participe passé**, on fait précéder le radical de **ge-** et on le fait suivre de **-t** (**-et** pour les verbes dont le radical se termine par *-d* ou *-t* : *reden* → *geredet*). Toutefois, on n'ajoute pas **ge-** pour les verbes qui ne sont pas accentués sur la 1re syllabe (c'est le cas des verbes en *-ieren* et de ceux avec un préfixe inséparable : *studieren* → *studiert* ; *besuchen* → *besucht* ; *übersetzen* → *übersetzt* ; *verkaufen* → *verkauft*).

Les petites irrégularités

Modifications orthographiques

Pour des raisons de prononciation, de petites modifications interviennent dans les cas suivants :

A Le radical de certains verbes se termine par *-d*, *-t* ou un groupe de consonnes difficile à prononcer. C'est le cas, par exemple, des verbes *arbeiten* et *finden*. Pour ces verbes, on utilise le « *e* intercalaire » :

① au présent de l'indicatif ;

② au prétérit de l'indicatif ;

③ à la forme littéraire du présent du Konjunktiv II (qui est identique au prétérit de l'indicatif pour les verbes réguliers).

B À l'inverse, les verbes terminés à l'infinitif par *-eln* (comme *sammeln*) perdent le *e* du radical :

① à la 1re personne du singulier, au présent de l'indicatif ;

② aux 1re, 2e et 3e personnes du singulier et à la 2e personne du pluriel, au présent du Konjunktiv I ;

③ à l'impératif singulier.

④ De plus, ces verbes perdent le *e* de la terminaison aux 1re et 3e personnes du pluriel, au présent de l'indicatif et du Konjunktiv I.

Cette modification est aussi possible (mais pas obligatoire) pour certains verbes en *-ern*. Par exemple : *kichern* —› *ich kichere* ou *ich kichre*.

C Le radical de certains verbes se terminent par *-s*, *-ss*, *-ß*, *-z* ou *-tz*. C'est le cas, par exemple, des verbes *reisen* et *hassen*. Pour ces verbes :

① la 2e personne du singulier, au présent de l'indicatif, est identique à la 3e personne du singulier.

A

INDICATIF Présent		INDICATIF Prétérit		KONJUNKTIV II Prés. litt.	
ich	arbeite	ich	arbeit**e**te ②	ich	arbeit**e**te ③
du	arbeit**e**st ①	du	arbeit**e**test ②	du	arbeit**e**test ③
er/sie	arbeit**e**t ①	er/sie	arbeit**e**te ②	er/sie	arbeit**e**te ③
wir	arbeiten	wir	arbeit**e**ten ②	wir	arbeit**e**ten ③
ihr	arbeit**e**t ①	ihr	arbeit**e**tet ②	ihr	arbeit**e**tet ③
sie/Sie	arbeiten	sie/Sie	arbeit**e**ten ②	sie/Sie	arbeit**e**ten ③

B

INDICATIF Présent		KONJUNKTIV I Présent		IMPÉRATIF
ich	sam**ml**e ①	ich	sam**ml**e ②	
du	sammelst	du	sam**ml**est ②	sam**ml**e! ③
er/sie	sammelt	er/sie	sam**ml**e ②	
wir	samme**ln** ④	wir	samme**ln** ④	sammeln wir!
ihr	sammelt	ihr	sam**ml**et ②	sammelt!
sie/Sie	samme**ln** ④	sie/Sie	samme**ln** ④	sammeln Sie!

C

INDICATIF Présent	
ich	reise
du	rei**st** ①
er/sie	reist
wir	reisen
ihr	reist
sie/Sie	reisen

Les verbes irréguliers

Les verbes irréguliers peuvent être regroupés en 3 catégories :

A Les verbes comme *bringen* (parfois appelés « verbes faibles irréguliers »).
Les temps primitifs de *bringen* sont :
*bringen (a,a), er bringt, er **brachte**, er **hat gebracht***
Le **radical** de ces verbes change :
— au prétérit de l'indicatif ;
— au participe passé.
(Le radical de la forme littéraire du présent du Konjunktiv II est le même que celui du prétérit de l'indicatif, et prend l'inflexion.)
Pour le reste, leur conjugaison est régulière.

B Les verbes comme *trinken* (parfois appelés « verbes forts »).
Les temps primitifs de *trinken* sont :
*trinken (a,u), er trinkt, er **trank**, er **hat getrunken***
Le **radical** de ces verbes change :
— au prétérit de l'indicatif ;
— au participe passé.
(Le radical de la forme littéraire du présent du Konjunktiv II est le même que celui du prétérit de l'indicatif, et prend l'inflexion.)
De plus, au prétérit de l'indicatif, le radical du prétérit est suivi des **terminaisons particulières** suivantes : **—**, **-(e)st**, **—**, **-en**, **-(e)t**, **-en**. La **terminaison** du participe passé est **-en**.

C Les verbes comme *brechen* (parfois appelés « verbes forts »).
Les temps primitifs de *brechen* sont :
*brechen (a,o;i), er **bricht**, er **brach**, er **hat gebrochen***
Le **radical** de ces verbes change :
— au prétérit de l'indicatif ;
— au participe passé ;
— aux 2e et 3e personnes du singulier du présent de l'indicatif ;
— à l'impératif singulier.
(Le radical de la forme littéraire du présent du Konjunktiv II est le même que celui du prétérit de l'indicatif, et prend l'inflexion.)
De plus, au prétérit de l'indicatif, le radical du prétérit est suivi des **terminaisons particulières** suivantes : **—**, **-(e)st**, **—**, **-en**, **-(e)t**, **-en**. La **terminaison** du participe passé est **-en**.

Note — Les verbes de la catégorie C fonctionnent donc comme ceux de la catégorie B, sauf aux 2e et 3e personnes du singulier du présent de l'indicatif et à l'impératif singulier, où ils présentent une modification supplémentaire.

A

INDICATIF Présent		**INDICATIF** Prétérit		**KONJUNKTIV I** Présent	
ich	bringe	ich	**brach**te	ich	bringe
du	bringst	du	**brach**test	du	bringest
er/sie	bringt	er/sie	**brach**te	er/sie	bringe
wir	bringen	wir	**brach**ten	wir	bringen
ihr	bringt	ihr	**brach**tet	ihr	bringet
sie/Sie	bringen	sie/Sie	**brach**ten	sie/Sie	bringen

KONJUNKTIV II Prés. litt.		**IMPÉRATIF**	**PARTICIPES**
ich	**bräch**te		**Présent :**
du	**bräch**test	bring(e)!	bringend
er/sie	**bräch**te		
wir	**bräch**ten	bringen wir!	**Passé :**
ihr	**bräch**tet	bringt!	ge**brach**t
sie/Sie	**bräch**ten	bringen Sie!	

B

INDICATIF Présent		**INDICATIF** Prétérit		**KONJUNKTIV I** Présent	
ich	trinke	ich	**trank**	ich	trinke
du	trinkst	du	**trank**st	du	trinkest
er/sie	trinkt	er/sie	**trank**	er/sie	trinke
wir	trinken	wir	**trank**en	wir	trinken
ihr	trinkt	ihr	**trank**t	ihr	trinket
sie/Sie	trinken	sie/Sie	**trank**en	sie/Sie	trinken

KONJUNKTIV II Prés. litt.		IMPÉRATIF	PARTICIPES
ich	**tränk**e		**Présent :**
du	**tränk**est	trink(e)!	trinkend
er/sie	**tränk**e		
wir	**tränk**en	trinken wir!	**Passé :**
ihr	**tränk**et	trinkt!	ge**trunk**en
sie/Sie	**tränk**en	trinken Sie!	

C

INDICATIF Présent		**INDICATIF** Prétérit		**KONJUNKTIV I** Présent	
ich	breche	ich	**brach**	ich	breche
du	br**i**chst	du	**brach**st	du	brechest
er/sie	br**i**cht	er/sie	**brach**	er/sie	breche
wir	brechen	wir	**brach**en	wir	brechen
ihr	brecht	ihr	**brach**t	ihr	brechet
sie/Sie	brechen	sie/Sie	**brach**en	sie/Sie	brechen

KONJUNKTIV II Prés. litt.		**IMPÉRATIF**	**PARTICIPES**
ich	**bräch**e		**Présent :**
du	**bräch**est	br**i**ch!	brechend
er/sie	**bräch**e		
wir	**bräch**en	brechen wir!	**Passé :**
ihr	**bräch**et	brecht!	ge**broch**en
sie/Sie	**bräch**en	brechen Sie!	

LES VERBES DE MODALITÉ ET LES AUXILIAIRES

Sein — *Haben* — *Werden* — *Sollen* et *müssen*
Können et *dürfen* — *Wollen* et *mögen*

Sein

Verbe/Auxiliaire er/sie **ist** er/sie **war** er/sie **ist gewesen**

INDICATIF Présent		Prétérit		**KONJUNKTIV I** Présent	
ich	**bin**	ich	**war**	ich	sei
du	**bist**	du	**warst**	du	sei(e)st
er/sie	**ist**	er/sie	**war**	er/sie	sei
wir	**sind**	wir	**waren**	wir	seien
ihr	**seid**	ihr	**wart**	ihr	sei(e)t
sie/Sie	**sind**	sie/Sie	**waren**	sie/Sie	seien

KONJUNKTIV II Présent		**IMPÉRATIF**	**PARTICIPES**
ich	**wäre**		**Présent :**
du	**wär(e)st**	sei!	seiend
er/sie	**wäre**		
wir	**wären**	seien wir!	**Passé :**
ihr	**wär(e)t**	sei**d**!	ge**wes**en
sie/Sie	**wären**	seien Sie!	

Les verbes allemands

Modalité/Auxiliaires

Le verbe **sein** a trois emplois distincts :

— Il peut être employé en tant que verbe à part entière. Il se traduit souvent par *être*.

Ich bin müde. *Je suis fatigué.*
Ich war froh, dich zu sehen. *J'étais content de te voir.*
Ich wäre froh, dich zu sehen. *Je serais content de te voir.*
Sie ist Lehrerin. *Elle est enseignante.*
Mir ist kalt. *J'ai froid.*
Es ist 3 Uhr. *Il est 3 heures.*

— Il sert d'auxiliaire pour :

- les verbes *sein*, *bleiben* et *werden* ;

Heute bin ich sehr beschäftigt gewesen. *J'ai été très occupé aujourd'hui.*
Hier ist alles beim Alten geblieben. *Ici, rien n'a changé.*
Du bist aber groß geworden! *Que tu as grandi !*

- les verbes intransitifs qui expriment le mouvement ou un changement d'état.

Letzten Monat bin ich nach Rom geflogen. *Le mois dernier, je suis allé (en avion) à Rome.*

— Il sert au passif d'état (sinon, on emploie *werden* – voir p. 16).

Die Tür ist geöffnet. *La porte est ouverte.* [On parle du résultat.]
Die Tür wurde geöffnet. *On a ouvert la porte.* [On parle de l'action.]

Haben

Verbe/Auxiliaire er/sie **hat** er/sie **hatte** er/sie **hat gehabt**

INDICATIF Présent		Prétérit		**KONJUNKTIV I** Présent	
ich	habe	ich	**hatte**	ich	habe
du	**hast**	du	**hattest**	du	habest
er/sie	**hat**	er/sie	**hatte**	er/sie	habe
wir	haben	wir	**hatten**	wir	haben
ihr	habt	ihr	**hattet**	ihr	habet
sie/Sie	haben	sie/Sie	**hatten**	sie/Sie	haben

KONJUNKTIV II Présent		**IMPÉRATIF**	**PARTICIPES**
ich	**hätte**		**Présent :**
du	**hättest**	hab(e)!	habend
er/sie	**hätte**		
wir	**hätten**	haben wir!	**Passé :**
ihr	**hättet**	habt!	gehabt
sie/Sie	**hätten**	haben Sie!	

Le verbe **haben** a deux emplois distincts :

— Il peut être employé en tant que verbe à part entière. Il se traduit souvent par *avoir*.

Er hat viele Freunde. *Il a beaucoup d'amis.*
Hast du Geld dabei? *Est-ce que tu as de l'argent sur toi ?*
Den Humor hat sie vom Vater. *Elle a hérité l'humour de son père.*

— Il sert d'auxiliaire pour la plupart des verbes (tous ceux qui n'ont pas *sein* comme auxiliaire).

Das habe ich gestern gemacht. *Ça, je l'ai fait hier.*
Das hatte ich schon vorgestern gemacht. *Ça, je l'avais déjà fait avant-hier.*
Morgen Abend werde ich das gemacht haben. *Demain soir, je l'aurai fait.*
Das hätte ich gerne gemacht. *Ça, je l'aurais fait volontiers !*

Werden

Verbe/Auxiliaire er/sie **wird** er/sie **wurde** er/sie **ist geworden**

INDICATIF Présent		Prétérit		**KONJUNKTIV I** Présent	
ich	werde	ich	wurde	ich	werde
du	**wirst**	du	wurdest	du	werdest
er/sie	**wird**	er/sie	wurde	er/sie	werde
wir	werden	wir	wurden	wir	werden
ihr	**werdet**	ihr	wurdet	ihr	werdet
sie/Sie	werden	sie/Sie	wurden	sie/Sie	werden

KONJUNKTIV II Présent		**IMPÉRATIF**	**PARTICIPES**
ich	würde		**Présent :**
du	würdest	werde!	werdend
er/sie	würde		
wir	würden	werden wir!	**Passé :**
ihr	würdet	werdet!	ge**word**en / **word**en
sie/Sie	würden	werden Sie!	

Le verbe **werden** a quatre emplois distincts :

— Il peut être employé en tant que verbe à part entière. Il marque alors un changement d'état, et se traduit souvent par *devenir*. Le participe passé est *geworden*.

Nach dem Unfall wurde sie blind. *Après l'accident, elle est devenue aveugle.*

Er ist ganz anders geworden. *Il a complètement changé.*

Die Tage werden länger. *Les jours s'allongent.*

— Il sert d'auxiliaire pour former le **passif** (qui s'emploie plus couramment en allemand qu'en français). Il est alors associé au participe passé du verbe que l'on utilise au passif. Le participe passé est *worden*.

Er wird von einer Frau gerettet. *Il est sauvé par une femme.*

Er wurde von einer Frau gerettet. *Il a été sauvé par une femme.*

Es ist viel geklatscht worden. *On a beaucoup bavardé.*

— Il sert d'auxiliaire pour former le **futur**. Il est alors associé à un infinitif.

Morgen werde ich die Arbeit beenden. *Demain, je terminerai ce travail.*

Morgen Abend werde ich die Arbeit beendet haben. *Demain soir, j'aurai terminé ce travail.*

Er wird (wohl) im Wohnzimmer sein. *Il sera (il est surement) dans le séjour.*

— Employées avec un infinitif, les formes *ich würde...* remplacent très couramment (sauf pour les verbes de modalité) la forme littéraire du Konjunktiv II et équivalent à un **conditionnel**.

Das würde ich gerne machen! *Ça, je le ferais volontiers !*

Sollen et *müssen*

Auxiliaire — er/sie **soll** — er/sie **sollte** — er/sie **hat gesollt**

INDICATIF Présent		Prétérit		**KONJUNKTIV I** Présent	
ich	soll	ich	sollte	ich	solle
du	sollst	du	solltest	du	sollest
er/sie	soll	er/sie	sollte	er/sie	solle
wir	sollen	wir	sollten	wir	sollen
ihr	sollt	ihr	solltet	ihr	sollet
sie/Sie	sollen	sie/Sie	sollten	sie/Sie	sollen

KONJUNKTIV II Présent		**IMPÉRATIF**	**PARTICIPES**
ich	sollte		**Présent :**
du	solltest	—	sollend
er/sie	sollte		
wir	sollten	—	**Passé :**
ihr	solltet	—	gesollt
sie/Sie	sollten	—	

Auxiliaire — er/sie **muss** — er/sie **musste** — er/sie **hat gemusst**

INDICATIF Présent		Prétérit		**KONJUNKTIV I** Présent	
ich	muss	ich	musste	ich	müsse
du	musst	du	musstest	du	müssest
er/sie	muss	er/sie	musste	er/sie	müsse
wir	müssen	wir	mussten	wir	müssen
ihr	müsst	ihr	musstet	ihr	müsset
sie/Sie	müssen	sie/Sie	mussten	sie/Sie	müssen

KONJUNKTIV II Présent		**IMPÉRATIF**	**PARTICIPES**
ich	müsste		**Présent :**
du	müsstest	—	müssend
er/sie	müsste		
wir	müssten	—	**Passé :**
ihr	müsstet	—	gemusst
sie/Sie	müssten	—	

Le verbe **müssen** exprime la nécessité, l'ordre, quelque chose d'impératif.

Ich muss um 6 Uhr aufstehen. *Je dois me lever à 6 heures.*

Alle Menschen müssen sterben. *Les hommes sont mortels.*

Sollen exprime une obligation morale moins catégorique, plus abstraite ou atténuée.

Du sollst nicht töten. *Tu ne tueras point.*

Du solltest mit dem Rauchen aufhören. *Tu devrais arrêter de fumer.*

Können et *dürfen*

Auxiliaire er/sie **kann** er/sie **konnte** er/sie **hat gekonnt**

INDICATIF Présent		Prétérit		**KONJUNKTIV I** Présent	
ich	kann	ich	konnte	ich	könne
du	kannst	du	konntest	du	könnest
er/sie	kann	er/sie	konnte	er/sie	könne
wir	können	wir	konnten	wir	können
ihr	könnt	ihr	konntet	ihr	könnet
sie/Sie	können	sie/Sie	konnten	sie/Sie	können

KONJUNKTIV II Présent		**IMPÉRATIF**	**PARTICIPES**
ich	könnte		**Présent :**
du	könntest	—	könnend
er/sie	könnte		
wir	könnten	—	**Passé :**
ihr	könntet	—	gekonnt
sie/Sie	könnten	—	

Auxiliaire er/sie **darf** er/sie **durfte** er/sie **hat gedurft**

INDICATIF Présent		Prétérit		**KONJUNKTIV I** Présent	
ich	darf	ich	durfte	ich	dürfe
du	darfst	du	durftest	du	dürfest
er/sie	darf	er/sie	durfte	er/sie	dürfe
wir	dürfen	wir	durften	wir	dürfen
ihr	dürft	ihr	durftet	ihr	dürfet
sie/Sie	dürfen	sie/Sie	durften	sie/Sie	dürfen

KONJUNKTIV II Présent		**IMPÉRATIF**	**PARTICIPES**
ich	dürfte		**Présent :**
du	dürftest	—	dürfend
er/sie	dürfte		
wir	dürften	—	**Passé :**
ihr	dürftet	—	gedurft
sie/Sie	dürften	—	

Le verbe **können** exprime la capacité, la possibilité.

Sie kann sehr gut Deutsch (sprechen). *Elle parle très bien allemand.*

Wenn du fertig bist, kannst du gehen. *Si tu as terminé, tu peux partir.*

Le verbe **dürfen** exprime une permission et s'emploie pour des demandes polies.

Darf man hier rauchen? *Est-il permis de fumer ici ?*

Darf ich Ihnen einen Kaffee anbieten? *Puis-je vous proposer un café ?*

Wollen et *mögen*

Auxiliaire — er/sie **will** — er/sie **wollte** — er/sie **hat gewollt**

INDICATIF Présent		Prétérit		**KONJUNKTIV I** Présent	
ich	will	ich	wollte	ich	wolle
du	willst	du	wolltest	du	wollest
er/sie	will	er/sie	wollte	er/sie	wolle
wir	wollen	wir	wollten	wir	wollen
ihr	wollt	ihr	wolltet	ihr	wollet
sie/Sie	wollen	sie/Sie	wollten	sie/Sie	wollen

KONJUNKTIV II Présent		**IMPÉRATIF**	**PARTICIPES**
ich	wollte		**Présent :**
du	wolltest	—	wollend
er/sie	wollte		
wir	wollten	—	**Passé :**
ihr	wolltet	—	gewollt
sie/Sie	wollten	—	

Auxiliaire — er/sie **mag** — er/sie **mochte** — er/sie **hat gemocht**

INDICATIF Présent		Prétérit		**KONJUNKTIV I** Présent	
ich	mag	ich	mochte	ich	möge
du	magst	du	mochtest	du	mögest
er/sie	mag	er/sie	mochte	er/sie	möge
wir	mögen	wir	mochten	wir	mögen
ihr	mögt	ihr	mochtet	ihr	möget
sie/Sie	mögen	sie/Sie	mochten	sie/Sie	mögen

KONJUNKTIV II Présent		**IMPÉRATIF**	**PARTICIPES**
ich	möchte		**Présent :**
du	möchtest	—	mögend
er/sie	möchte		
wir	möchten	—	**Passé :**
ihr	möchtet	—	gemocht
sie/Sie	möchten	—	

Le verbe **wollen** exprime la volonté.

Sie will aufhören zu rauchen. *Elle veut arrêter de fumer.*

Mögen s'emploie surtout pour exprimer qu'on aime, qu'on apprécie.

Ich mag sie. *Je l'aime bien.* / Ich mag Schokolade. *J'aime le chocolat.*

Les formes *ich möchte*... sont très employées pour le souhait, le désir.

Wer möchte mit mir schwimmen gehen? *Qui veut/voudrait aller à la piscine avec moi ?*

LES VERBES IRRÉGULIERS

Tous les verbes à connaitre, avec des exemples et des explications pour bien les retenir !

Les verbes irréguliers à connaitre

La liste qui suit ne prétend pas à l'exhaustivité. Mais les verbes qui s'y trouvent ont été sélectionnés avec soin : ce sont les plus fréquents. Chaque verbe est présenté avec ses temps primitifs, les formes irrégulières étant en caractères gras. L'indication « ist » entre parenthèses indique que le verbe se conjugue avec l'auxiliaire *sein*.

1 **beginnen** (a,o) : *commencer* – er beginnt, er **begann**, er **hat begonnen**
Ich beginne sofort mit der Arbeit. *Je commence le travail tout de suite.*
Die Schulferien haben gestern begonnen. *Les vacances scolaires ont commencé hier.*

2 **beißen** (i,i) : *mordre* – er beißt, er **biss**, er **hat gebissen**
Ein Hund hat mich gebissen. *Un chien m'a mordu.*

3 **biegen** (o,o) : *tourner* – er biegt, er **bog**, er **ist/hat gebogen**
Sie müssen nach rechts biegen. *Vous devez tourner à droite.*

> Au parfait, **biegen** prend l'auxiliaire *sein* lorsqu'il s'agit d'un mouvement (*Sie ist zu schnell um die Kurve gebogen* : Elle a pris le virage trop vite), *haben* dans les autres cas (*Sie hat den Draht gebogen* : Elle a courbé le fil de fer).

4 **binden** (a,u) : *attacher, lier* – er bindet, er **band**, er **hat gebunden**
Ich habe die Blumen zu einem Strauß gebunden. *J'ai fait un bouquet avec les fleurs.*
Wir sind durch den Vertrag gebunden. *Nous sommes liés par le contrat.*

5 **bitten** (a,e) : prier, demander – er bittet, er **bat**, er **hat gebeten**
Er bat mich um Hilfe. *Il m'a demandé de l'aider.*
Ich bitte um Entschuldigung! *Je vous prie de m'excuser.*

6 **bleiben** (ie,ie – ist) : rester – er bleibt, er **blieb**, er **ist geblieben**
Heute musste ich länger in der Schule bleiben. *J'ai dû rester plus longtemps à l'école aujourd'hui.*
Es bleibt dabei! *Ça tient toujours !*

7 **brechen** (a,o;i) : casser – er **bricht**, er **brach**, er **hat gebrochen**
Ich habe mir das Bein gebrochen. *Je me suis cassé la jambe.*

8 **brennen** (a,a) : bruler – er brennt, er **brannte**, er **hat gebrannt**
Es brennt im Nachbarhaus! *Il y a le feu chez les voisins!*
Die Zigarette brennt. *La cigarette se consume.*

9 **bringen** (a,a) : emmener, apporter – er bringt, er **brachte**, er **hat gebracht**
Die Briefträgerin bringt die Post. *La factrice apporte le courrier.*
Es hat ihm viel Geld gebracht. *Cela lui a rapporté beaucoup d'argent.*

10 **essen** (a,e;a) : manger – er **isst**, er **aß**, er **hat gegessen**
Er isst wie ein Spatz. *Il mange comme un moineau.*

11 **fahren** (u,a;ä – ist) : conduire, aller (en voiture) – er **fährt**, er **fuhr**, er **ist/hat gefahren**
Morgen fahren wir in den Urlaub. *Demain, nous partons en vacances.*
Der Zug fährt nach Kreuzlingen. *Le train va à Kreuzlingen.*

Au parfait, **fahren** prend l'auxiliaire *sein* lorsqu'il s'agit d'un mouvement (*Er ist nach Berlin gefahren* : Il est allé à Berlin). L'auxiliaire *haben* s'emploie seulement lorsque *fahren* a le sens de « conduire » : *Er hat mich nach Hause gefahren* (Il m'a conduit/ramené à la maison.)

12 **fallen** (ie,a;ä – ist) : tomber – er **fällt**, er **fiel**, er **ist gefallen**
Es ist viel Schnee gefallen. *Il est tombé beaucoup de neige.*
Das Buch ist geräuschvoll zu Boden gefallen. *Le livre est tombé par terre bruyamment.*

13 **fangen** (i,a;ä) : attraper – er **fängt**, er **fing**, er **hat gefangen**
Die Katze fängt die Maus. *Le chat attrape la souris.*
Der Verbrecher wurde gefangen. *On a attrapé le malfaiteur.*

14 **finden** (a,u) : trouver – er findet, er **fand**, er **hat gefunden**
Endlich habe ich meine Schlüssel wieder gefunden! *J'ai enfin retrouvé mes clés !*
Wie hast du den Film gefunden? *Qu'as-tu pensé du film ?*

15 **fliegen** (o,o – ist) : voler, aller (en avion) – er fliegt, er **flog**, er **ist/hat geflogen**
Die Schmetterlinge fliegen. *Les papillons volent.*
Nächsten Monat fliege ich nach Rom. *Le mois prochain, j'irai à Rome.*

Comme *fahren*, **fliegen** ne prend l'auxiliaire *haben* que dans lorsque *fliegen* a le sens de « piloter » (*eine Maschine fliegen* : piloter un avion). Dans tous les autres cas, on emploie *sein*.

16 **fliehen** (o,o – ist) : fuir – er flieht, er **floh**, er **ist geflohen**
Er ist ins Ausland geflohen. *Il s'est enfui à l'étranger.*

17 **fließen** (o,o – ist) : couler – er fließt, er **floss**, er **ist geflossen**
Das Regenwasser fließt in die Tonne. *L'eau de pluie coule dans le tonneau.*

18 **frieren** (o,o) : geler ; avoir froid – er friert, er **fror**, er **ist/hat gefroren**
Ich habe draußen warten müssen und jetzt friere ich. *J'ai dû attendre dehors et maintenant j'ai très froid.*

> L'auxiliaire *sein* s'emploie avec **frieren** uniquement lorsqu'il s'agit d'un changement d'état à proprement parler : *Das Wasser ist zu Eis gefroren* (L'eau a gelé). Sinon, on emploie l'auxiliaire *haben*.

19 **geben** (a,e;i) : donner – er **gibt**, er **gab**, er **hat gegeben**
Seine Mutter gab ihm 20 Franken. *Sa mère lui a donné 20 francs.*
Sie hat das Paket zur Post gegeben. *Elle a déposé le colis à la poste.*

20 **gefallen** (i,a;ä) : plaire – er **gefällt**, er **gefiel**, er **hat gefallen**
Hat dir der Film gefallen? *Le film t'a-t-il plu ?*

21 **gehen** (i,a – ist) : aller (à pied) – er geht, er **ging**, er **ist gegangen**
Ich gehe zu Fuß zur Schule. *Je vais à l'école à pied.*
Die Uhr geht nicht mehr. *L'horloge ne fonctionne plus.*
Worum geht es? *De quoi s'agit-il ?*

22 **genießen** (o,o) : savourer, profiter de – er genießt, er **genoss**, er **hat genossen**
Ich habe meinen Urlaub sehr genossen. *J'ai bien profité de mes vacances.*

23 **geschehen** (a,e;ie – ist) : se passer, se produire – es **geschieht**, es **geschah**, es **ist geschehen**
Wann geschah der Überfall? *Quand a eu lieu le holdup ?*
Du kannst beruhigt sein, es geschieht dir nichts. *Sois tranquille, il ne t'arrivera rien.*

24 **gewinnen** (a,o) : gagner – er gewinnt, er **gewann**, er **hat gewonnen**
Ich habe die Schachpartie gewonnen! *J'ai gagné la partie d'échecs !*
Sie hat im Lotto gewonnen. *Elle a gagné au loto.*

25 **graben** (u,a;ä) : creuser – er **gräbt**, er **grub**, er **hat gegraben**
Der Junge gräbt mit der Schaufel im Garten. *Le garçon creuse des trous dans le jardin avec la pelle.*

26 **halten** (ie,a;ä) : tenir – er **hält**, er **hielt**, er **hat gehalten**
Kannst du bitte kurz das Portmonee halten? *Peux-tu tenir mon portemonnaie un instant ?*
Sie hält ihn für dumm. *Elle le considère bête.*

27 **hängen** (i,a) : être accroché – er hängt, er **hing**, er **hat gehangen**
Das Bild hing an der Mauer. *Le tableau était accroché au mur.*

Distinguez bien :
- **hängen**, irrégulier, qui décrit un état (verbe présenté ci-contre) ;
- **hängen**, régulier (*er hängt, er hängte, er hat gehängt*), qui se réfère à un mouvement : *Er hängte das Bild an die Mauer* (Il a accroché le tableau au mur).

28 **heben** (o,o) : soulever – er hebt, er **hob**, er **hat gehoben**
Kannst du bitte den Koffer heben? *Tu peux soulever la valise, s'il te plait ?*
Der Hund hob ein Bein. *Le chien leva la patte.*

29 **helfen** (a,o;i) : aider – er **hilft**, er **half**, er **hat geholfen**
Er hat mir geholfen. *Il m'a aidé(e).*
Sie halfen sich gegenseitig. *Ils se sont aidés mutuellement.*

Attention : en allemand, le complément de *helfen* est au datif, bien qu'il s'agisse d'un complément direct en français.

30 **kennen** (a,a) : connaitre – er kennt, er **kannte**, er **hat gekannt**
Seinen Namen kenne ich nicht. *J'ignore son nom.*
Ich kannte seine Schwächen. *Je connaissais ses points faibles.*

31 **kommen** (a,o – ist) : venir – er kommt, er **kam**, er **ist gekommen**
Sie kam mit dem Zug. *Elle est venue en train.*
Es ist ein Paket für dich gekommen. *Un colis pour toi est arrivé.*

32 **kriechen** (o,o – ist) : ramper, marcher à quatre pattes – er kriecht, er **kroch**, er **ist gekrochen**
Die Schlange kroch durch das Laub. *Le serpent rampait dans les feuilles mortes.*
Er kriecht vor seiner Chefin. *Il rampe devant sa chef.*

33 **laden** (u,a;ä) : charger – er **lädt**, er **lud**, er **hat geladen**
Der Akku ist leer, du musst ihn laden. *La batterie est vide, tu dois la recharger.*

34 **lassen** (ie,a;ä) : laisser – er **lässt**, er **ließ**, er **hat gelassen**
Lass deine Schwester in Ruhe! *Laisse ta sœur tranquille !*
Lass das Jammern! *Arrête de te plaindre !*
Er hat den Teller fallen lassen. *Il a laissé tomber son assiette.*

35 **laufen** (i,a;ä – ist) : marcher, courir – er **läuft**, er **lief**, er **ist gelaufen**
Das Kind kann schon laufen. *L'enfant sait déjà marcher.*
Wir müssen laufen, sonst erreichen wir den Zug nicht mehr! *Nous devons courir, sinon nous n'attraperons pas le train !*

36 **leiden** (i,i) : souffrir – er leidet, er **litt**, er **hat gelitten**
Er leidet an einer schweren Krankheit. *Il souffre d'une grave maladie.*
Ich kann sie nicht leiden! *Je ne la supporte pas !*

37 **leihen** (ie,ie) : prêter – er leiht, er **lieh**, er **hat geliehen**
Er hat mir sein Buch geliehen. *Il m'a prêté son livre.*
Darf ich mir dein Buch (aus)leihen? *Puis-je t'emprunter ton livre ?*

> Distinguez bien deux emplois de ce verbe :
> • **jemandem etwas leihen** : prêter quelque chose à quelqu'un ;
> • **sich etwas von jemandem (aus)leihen** : emprunter quelque chose à quelqu'un.

38 **lesen** (a,e;ie) : lire – er **liest**, er **las**, er **hat gelesen**
Sie hat den ganzen Nachmittag gelesen. *Elle a lu tout l'après-midi.*
Diese Handschrift kann ich nicht lesen. *Je n'arrive pas à lire cette écriture.*

39 **liegen** (a,e) : être couché, se trouver – er liegt, er **lag**, er **hat gelegen**
Zurzeit liegt er im Bett. *Il est au lit en ce moment.*
Die Zeitung liegt auf dem Tisch. *Le journal est sur la table.*

> Distinguez bien :
> • **liegen**, irrégulier, qui décrit un état (verbe présenté ci-contre) ;
> • **legen**, régulier (*er legt, er legte, er hat gelegt*), qui se réfère à un mouvement : *Er hat die Zeitung auf den Tisch gelegt* (Il a posé le journal sur la table).

40 **lügen** (o,o) : mentier – er lügt, er **log**, er **hat gelogen**
Er lügt wie gedruckt! *Il ment comme un arracheur de dents !*

41 **nehmen** (a,o;i) : prendre – er **nimmt**, er **nahm**, er **hat genommen**
Willst du ein Bad nehmen? *Tu veux prendre un bain ?*
Ich nahm den Zug um 14 Uhr. *J'ai pris le train à 14 heures.*

42 **nennen** (a,a) : nommer – er nennt, er **nannte**, er **hat genannt**
Sie nannten die Katze Mimi. *Ils ont appelé leur chat Mimi.*
Kannst du mir ein Beispiel dafür nennen? *Peux-tu m'en citer un exemple ?*

43 **raten** (ie,a;ä) : conseiller ; deviner – er **rät**, er **riet**, er **hat geraten**
Wozu rätst du mir? *Que me conseilles-tu ?*
Rate mal, wen ich gesehen habe! *Devine qui j'ai vu !*

44 **riechen** (o,o) : sentir – er riecht, er **roch**, er **hat gerochen**
Es riecht angebrannt. *Ça sent le brulé.*
Es roch nach Fisch. *Il y avait une odeur de poisson.*

45 **rufen** (ie,u) : appeler – er ruft, er **rief**, er **hat gerufen**
Sie rief den Kellner. *Elle appela le serveur.*
Wir müssen sofort die Polizei rufen. *Il faut appeler la police immédiatement.*

46 **scheinen** (ie,ie) : paraitre ; briller – er/es scheint, er/es **schien**, er/es **hat geschienen**
Sie ist reicher, als es scheint. *Elle est plus riche qu'il ne parait.*
Die Sonne schien den ganzen Tag. *Le soleil a brillé toute la journée.*

47 **schieben** (o,o) : pousser – er schiebt, er **schob**, er **hat geschoben**
Der Vater schiebt den Kinderwagen. *Le père pousse la poussette.*

48 **schlafen** (ie,a;ä) : dormir – er **schläft**, er **schlief**, er **hat geschlafen**
Hast du gut geschlafen? *Tu as bien dormi ?*

49 **schlagen** (u,a;ä) : battre, frapper – er **schlägt**, er **schlug**, er **hat geschlagen**
Man sollte Kinder nie schlagen. *On ne devrait jamais frapper les enfants.*
Ich gebe mich geschlagen. *Je m'avoue vaincu(e).*

50 **schließen** (o,o) : fermer – er **schließt**, er **schloss**, er **hat geschlossen**
Schließ bitte das Fenster, es zieht. *Ferme la fenêtre, il y a des courants d'air.*

51 **schneiden** (i,i) : couper – er schneidet, er **schnitt**, er **hat geschnitten**
Kannst du bitte das Brot in Scheiben schneiden? *Peux-tu couper le pain en tranches ?*
Er hat sich beim Rasieren geschnitten. *Il s'est coupé en se rasant.*

52 **schreiben** (ie,ie) : écrire – er schreibt, er **schrieb**, er **hat geschrieben**
Sie haben uns eine Postkarte geschrieben. *Ils nous ont écrit une carte postale.*

53 **schreien** (ie,ie) : crier – er schreit, er **schrie**, er **hat geschrien**
Er schreit vor Schmerzen. *Il crie de douleur.*
Das ist zum Schreien! *C'est à hurler de rire !*

54 **schweigen** (ie,ie) : se taire – er schweigt, er **schwieg**, er **hat geschwiegen**
Er schwieg wie ein Grab. *Il était muet comme une tombe.*

55 **schwimmen** (a,o) : nager – er schwimmt, er **schwamm**, er **ist/hat geschwommen**
Ich schwimme gerne. *J'aime bien nager.*
Sie schwimmt im Geld. *Elle nage dans l'argent.*

> Au parfait, **schwimmen** prend l'auxiliaire *sein* lorsqu'on se réfère au déplacement (*Sie ist zum anderen Ufer geschwommen* : Elle a nagé jusqu'à l'autre rive). L'auxiliaire *haben* s'emploie dans les autres cas.

56 **sehen** (a,e;ie) : voir – er **sieht**, er **sah**, er **hat gesehen**
Ich sah ihn im Supermarkt. *Je l'ai vu au supermarché.*
Wie sehen Sie das? *Qu'en pensez-vous ?*

57 **senden** (a,a) : envoyer – er sendet, er **sandte**, er **hat gesandt**
Er sandte ihr Blumen zum Geburtstag. *Il lui a envoyé des fleurs pour son anniversaire.*

58 **singen** (a,u) : chanter – er singt, er **sang**, er **hat gesungen**
Er singt gut. *Il chante bien.*

59 **sitzen** (a,e) : être assis – er sitzt, er **saß**, er **hat gesessen**
Sie saß den ganzen Abend vor dem Fernseher. *Elle est restée assise devant la télé toute la soirée.*

> Distinguez bien :
> • **sitzen**, irrégulier, qui décrit un état (verbe présenté ci-contre) ;
> • **setzen**, régulier (*er setzt, er setzte, er hat gesetzt*), qui se réfère à un mouvement : *Setzen Sie sich bitte!* (Prenez place, je vous en prie !)

60 **sprechen** (a,o;i) : parler – er **spricht**, er **sprach**, er **hat gesprochen**
Ich muss dich unbedingt sprechen. *Je dois absolument te parler.*
Er spricht zwei Fremdsprachen. *Il parle deux langues étrangères.*

61 **springen** (a,u – ist) : sauter – er springt, er **sprang**, er **ist gesprungen**
Sie sprang ins Wasser. *Elle a sauté dans l'eau.*

62 **stehen** (a,a) : être debout, se trouver – er steht, er **stand**, er **hat gestanden**
Er steht vor der Tür und wartet. *Il attend devant la porte.*
Auf dem Tisch steht ein Foto seiner Mutter. *Il y a une photo de sa mère sur la table.*

Distinguez bien :
• **stehen**, irrégulier, qui décrit un état (verbe présenté ci-contre) ;
• **stellen**, régulier (*er stellt, er stellte, er hat gestellt*), qui se réfère à un mouvement : *Stell die Flasche auf den Tisch!* (Mets la bouteille sur la table !)

63 **stehlen** (a,o;ie) : voler, dérober – er **stiehlt**, er **stahl**, er **hat gestohlen**
Der Dieb hat ihm die Uhr gestohlen. *Le voleur lui a volé sa montre.*

64 **sterben** (a,o;i – ist) : mourir – er **stirbt**, er **starb**, er **ist gestorben**
Sie ist mit 79 Jahren gestorben. *Elle est morte à l'âge de 79 ans.*

65 **stinken** (a,u) : puer – er stinkt, er **stank**, er **hat gestunken**
Hier stinkt es nach Knoblauch. *Ça pue l'ail, ici.*

66 **streiten** (i,i) : se quereller – er streitet, er **stritt**, er **hat gestritten**
Sie haben schon wieder gestritten. *Ils se sont de nouveau disputés.*

67 **tragen** (u,a;ä) : porter – er **trägt**, er **trug**, er **hat getragen**
Er trug den Hut in der Hand. *Il avait le chapeau à la main.*
Sie trägt einen Minirock. *Elle porte une minijupe.*

68 **treffen** (a,o;i) : rencontrer – er **trifft**, er **traf**, er **hat getroffen**
Ich habe ihn zufällig in der Stadt getroffen. *Je l'ai rencontré en ville par hasard.*

69 **treten** (a,e;i) : donner un coup de pied à, appuyer sur – er **tritt**, er **trat**, er **hat getreten**
Sie ist mir auf den Fuß getreten. *Elle m'a marché sur le pied.*
Er hat den Hund getreten. *Il a donné un coup de pied au chien.*

70 **trinken** (a,u;i) : boire – er trinkt, er **trank**, er **hat getrunken**
Im Sommer trinke ich gerne Bier. *En été, je bois volontiers de la bière.*
Er hat schon wieder zu viel getrunken. *Il a de nouveau trop bu (d'alcool).*

71 **tun** (a,a) : faire – er tut, er **tat**, er **hat getan**
Ich habe mein Bestes getan. *J'ai fait de mon mieux.*
Ich habe noch viel zu tun. *J'ai encore beaucoup (de choses) à faire.*
Es tut mir leid! *Je suis désolé(e) !*

Les verbes **tun** et **machen** se traduisent tous deux souvent par *faire* en français. On peut dire que *tun* a un sens plus général (*Du hast das Richtige getan* : Tu as fait ce qu'il fallait), alors que *machen* s'emploie avec un complément plus spécifique : *ein Foto* (une photo), *eine Reise* (un voyage)… *machen*.

72 **verlieren** (o,o) : perdre – er verliert, er **verlor**, er **hat verloren**
Er hat seine Schlüssel verloren. *Il a perdu ses clés.*
Er hat das Vertrauen seiner Freundin verloren. *Il a perdu la confiance de son amie.*

73 **wachsen** (u,a;ä – ist) : grandir, croitre – er **wächst**, er **wuchs**, er **ist gewachsen**
Er ist im letzten Jahr sehr gewachsen. *Il a beaucoup grandi pendant l'année écoulée.*

74 **waschen** (u,a;ä) : laver – er **wäscht**, er **wusch**, er **hat gewaschen**
Kannst du das Geschirr waschen? *Tu peux faire la vaisselle ?*
Wasch dir die Hände! *Lave-toi les mains.*

75 **werfen** (a,o;i) : lancer – er **wirft**, er **warf**, er **hat geworfen**
Wirf mir den Ball her! *Lance-moi la balle !*

76 **wiegen** (o,o) : peser – er wiegt, er **wog**, er **hat gewogen**
Wie viel wiegst du? *Combien pèses-tu ?*
Der Verkäufer wog die Äpfel. *Le vendeur a pesé les pommes.*

77 **ziehen** (o,o) : tirer – er zieht, er **zog**, er **hat gezogen**
Die Lokomotive zieht 17 Wagen. *La locomotive tire 17 wagons.*

Cet ouvrage tient compte de la **nouvelle orthographe allemande** dans sa version révisée officielle valable depuis le 1er aout 2006, qui remplace par exemple *daß* par *dass*.
http://rechtschreibrat.ids-mannheim.de

Cet ouvrage tient compte de la **nouvelle orthographe française**, qui remplace par exemple *connaître* par *connaitre*.
http://www.orthographe-recommandee.info

Responsable de projet et d'édition : Romain Muller
Que Mme Liliane Bossart soit ici remerciée pour ses judicieux conseils.

ISBN 978-2-9534965-1-2

7 bis, place Darcy
21000 Dijon (France)
editions-dechamplain@laposte.net

Imprimé dans l'Union européenne, au Portugal, par Eigal.
Achevé d'imprimer en avril 2010.
Dépôt légal : mai 2010.